RÉPUBLIQUE

OU

MONARCHIE

PAR

Amédée DEROIDE

—

PRIX : 50 CENTIMES

LILLE

IMPRIMERIE DE LEFEBVRE-DUCROCQ

57, Rue Esquermoise

1870

RÉPUBLIQUE OU MONARCHIE

L'invasion, comme un ouragan, a emporté l'édifice de nos institutions. Elle a semé le sol de débris et de cadavres, balayé les choses et les hommes, déraciné ce qui était, pour faire place à ce qui sera : — l'avenir, l'inconnu.

Quel Français, quelle âme patriotique, ne sonde aujourd'hui, d'un regard troublé, ces ténèbres, n'interroge avec anxiété le sphynx qui garde les mystères de l'avenir ?

Et moi aussi, songeur obscur et solitaire, moi qui ai rêvé toujours ma patrie grande et glorieuse, glorieuse surtout à l'ombre de la Paix, moi aussi j'ai frappé mon front, et je me suis demandé quelles pierres il faudrait chercher pour reconstruire l'édifice écroulé, de quel ciment les unir, et de quel baume de vie ranimer notre Mère-Patrie, lui rendre une vigueur et une puissance durables.

Si vous êtes un homme de parti, républicain ou monarchique, ne lisez pas ces lignes : vous n'y trouveriez point votre compte. Je n'écris pas pour les coteries, pour les factions, pour les vieilles opinions toutes faites, pour les regrets ou les ambitions, pour les convoitises ou les vengeances ; j'écris pour les hommes de sens et de cœur qui s'appartiennent à eux-mêmes, et non pour les âmes irrévocablement inféodées à une doctrine immuable, à un homme, à un groupe d'hommes, à une famille, à un drapeau. J'écris à la lumière éclatante de l'expérience, et, pour ainsi dire, sous la dictée de l'évidence. En un mot, je suis un historien, et non un pamphlétaire, un citoyen, et non un idéologue ; non l'avocat d'une personne ou d'un parti , mais un fils qui , pieusement , ardemment, veut donner un trône à sa mère, — un trône de gloire et de paix.

La France est monarchique : telle l'a faite une tradition de quatorze siècles, telle l'ont faite l'histoire et les nécessités des temps. Par trois ou quatre fois en ce siècle, elle a prouvé combien était vivace chez elle, je ne dis pas ce sentiment, mais ce tempérament. En 1804, à peine sortie de sa sanglante mais glorieuse République, elle se jette dans les bras de l'Empire ; en 1814, en 1815, ce n'est point à la République qu'elle retourne, mais à l'antique royauté qu'elle avait, vingt ans auparavant, décapitée sur l'échafaud. En 1830, trahie par cette royauté qui veut la mettre aux fers—les fers de la pensée, —elle la secoue, la brise encore ; et croyez-vous qu'éclairée, lassée enfin, elle reprendra son sceptre républicain de 92 ? — Non pas ; un vieux et glorieux républicain lui présente une royauté nouvelle, lui disant : « Voici la meilleure des républiques ! » et la France adopte la nouvelle dynastie, accepte la Charte.

se fait pour la troisième fois vassale de la royauté.

En 1848, cette royauté, infidèle aux leçons de l'histoire, renouvelle en petit les fautes de 1830, et sombre dans le même naufrage. Que fera la France?... Mais on ne la consulte point; des hommes — quelques-uns éminents et sincères — ramassent le pouvoir tombé dans les rues, et, devant la nation étonnée, proclament la République.

La République se constitue par le suffrage universel; mais de quels éléments? d'éléments monarchiques : les allures, l'esprit de l'Assemblée nationale, parlent aux moins clairvoyants. Alors la portion révolutionnaire du parti républicain s'irrite, se soulève et succombe ensanglantée dans les journées de Juin. — Qui l'a vaincue? la France monarchique : elle l'a prouvé par l'élan unanime des provinces armées, accourues à Paris; elle le prouve bientôt par l'élection du prétendant Louis-Napoléon, à l'exclusion du républicain Cavaignac; elle le prouve par l'avènement du prince à l'Empire. En mai 1870, après dix-huit années de règne — presque absolu — l'Empereur veut se retremper dans le suffrage universel; la France, par peur de la République qui, de nouveau, s'agite depuis peu dans son linceul, la France proclame par plus de sept millions de suffrages son tempérament et ses préférences monarchiques.

Voilà l'histoire.

Mais ce sentiment monarchique vient de recevoir une terrible secousse, et longtemps en ressentira les ébranlements profonds : en dépit de la responsabilité ministérielle, et du droit de *veto* réellement attaché au Corps législatif, sans parler des devoirs du Sénat, c'est au chef de l'État, à l'Empereur, que l'opinion publique impute l'initiative et la responsabilité de la guerre. Les fictions

légales se taisent ici, disparaissent devant les charges
morales, et prouvent une fois de plus que la valeur d'une
constitution politique, sa signification réelle, comme sa
durée, ne dépendent point de sa perfection apparente, des
combinaisons plus ou moins ingénieuses ou prudentes de
l'esprit humain, mais de la logique impérieuse des circon-
stances, et de l'irrésistible autorité des faits, qui la sou-
tiennent ou la déchirent, l'absolvent ou la condamnent,
en font une lettre vivante ou une lettre morte.

Cependant, admettant que la France gardât ses penchants
monarchiques, où irait-elle prendre un roi ?

Il est évident d'abord que tout retour de la dynastie
napoléonienne est devenu impossible. Le règne de l'ex-
prince impérial avec la régence de sa mère ou tout
autre n'est même pas discutable ; et la France se souviendra
assez longtemps de l'invasion qui s'attache désormais au
nom napoléonien comme une tunique de Nessus, pour que
toute restauration bonapartiste soit à jamais antipathique
au pays.

L'avènement de la branche aînée des Bourbons est-il
plus admissible ? Non : le comte de Chambord, à tort ou
à raison, représente des traditions, un passé, que répudient
les aspirations modernes, et dont elles craignent le retour.
Le temps, d'ailleurs, a passé sur cette candidature d'un
autre âge ; quarante ans se sont écoulés, et le flot de 1830,
le flot de 1848, en amenant d'autres prétendants, en consa-
crant des idées nouvelles et d'autres dynasties, ont repoussé
cette dynastie bourbonnienne qui ne vit plus que dans le
passé.

Reste la branche cadette des Bourbons, dynastie plus
moderne, plus voisine de nous, vivante encore, et, dans
les personnages du moins qui la représentent, vierge de

toute souillure, exempte de tout grief et de tout amer souvenir. Oui, cette famille d'Orléans, si populaire en son temps, si brave, si chevaleresque, si honnête, si bourgeoise, a laissé, nous n'en doutons point, de profondes racines dans notre pays. Ces princes, aujourd'hui encore exilés, ont étudié avec nous sur les bancs de nos lycées, combattu vaillamment à nos côtés sur la terre africaine ou dans les mers lointaines, ils sont nos contemporains, nos camarades, presque nos amis ; frères d'études et compagnons d'armes, avant d'être nos princes et nos souverains. Si la France peut encore supporter, veut encore accepter une monarchie, certes, la famille d'Orléans est celle qui lui offre les personnages les mieux connus, les plus sympathiques au pays ; elle est la seule peut-être qui lui présente des garanties ou des chances de bonheur durable.

La France voudra-t-elle leur confier ses destinées?... Oui , peut-être, si les derniers évènements, si nos désastres actuels, ne jetaient un jour sinistre sur les dangers du pouvoir monarchique , même limité en apparence par une constitution parlementaire ; oui, si la majorité de la France, qui accepterait pour elle peut-être le règne des princes d'Orléans, ne voyait avec effroi ou défiance, dans la minorité républicaine, un foyer d'agitation perpétuelle, une menace permanente de révolution, une cause éternelle d'inquiétude et de dissensions intestines. Par patriotisme, par une abnégation généreuse, la France acceptera la République.

Mais quelle république ?

Ici se pose dans toute sa gravité, dans tout son intérêt, la question qui fait l'objet de cette brochure.

La République, telle que l'entendent, telle que la veulent sous des formes, des noms et des hommes divers, nos

républicains, la République a tous les inconvénients de la
monarchie, je veux dire cet esprit de centralisation exces-
sive qui concentre et qui résume le pouvoir effectif dans
une ou quelques mains, au sein d'une capitale qui a la
prétention, si peu fondée, d'inspirer, de représenter, de
diriger la France entière : la république unitaire, avec
une Assemblée nationale et un président siégeant à Paris,
ne sera jamais qu'une monarchie déguisée, et plus exposée que la monarchie véritable aux entraînements ou aux
excès populaires, aux violences des passions dont la
capitale contient les éléments : éléments terribles dont
l'histoire, depuis notre première révolution, nous a
montré les explosions et les dangers fréquents, incal-
culables. La république unitaire sera toujours la proie
des utopistes, des tribuns, des clubistes et des révo-
lutionnaires. Il est d'ailleurs un besoin national que ni
monarchie ni république unitaire ne sauraient satisfaire,
besoin vivace qui n'a cessé de se manifester, surtout en
ces derniers temps, et qui nous a été légué, non par nos
institutions républicaines de 92 ou de 48, mais par les
traditions de nos temps monarchiques : je veux parler de
la décentralisation ; non de cette décentralisation apparente, fictive, dérisoire, dont chaque gouvernement
jusqu'aujourd'hui nous a donné des essais, mais de cette
vie politique effective, maîtresse d'elle-même, agissant
par elle-même et pour elle-même, dans chaque portion
importante du grand corps national. La France veut vivre
de sa propre vie, dans chacun de ses membres. Paris est
trop loin et trop haut ; Paris est trop absorbant, trop
exclusif, trop capricieux, quand la monarchie, quand la
République elle-même, la république unitaire avec son
mécanisme monarchique nous excitent à la vie politique,

nous prometttent , nous vantent la vie politique contenue en germe ou en action, disent-ils, dans nos institutions — le suffrage universel, par exemple, — ils nous trompent en se trompant eux-mêmes. Ces moyens sont factices, non efficaces, non réels. De plus en plus, le peuple se détache, se désintéresse de cette apparente action politique, qui le soumet en définitive à un pouvoir lointain, exclusivement supérieur et centralisateur, siégeant en un foyer brillant sans doute, mais volcanique, où résident trop d'éléments de fermentation sociale, qui incessamment menace de bouillonner, de jaillir comme une lave de feu, et de couvrir de ruines le pays entier.

La France veut être gouvernée sérieusement par elle-même. Or, aucun pouvoir, monarchique ou républicain unitaire, n'est capable de lui donner effectivement cette satisfaction. Leurs systèmes, leurs moyens de décentralisation, ne sauraient être sincères ou efficaces, parce que la décentralisation efficace est contraire à la nature même de ces gouvernements : ils ne vivent et ne peuvent vivre que par l'unité de centralisation, plus ou moins tendue, mais toujours tendue, parce que là est leur essence, leur caractère, et là condition fatale de leur existence, de leur durée. Rompez chez eux le lien des parties au centre, affaiblissez-le seulement, il n'y aura plus ni monarchie, ni république, mais désordre et anarchie. Tous nos gouvernements, monarchiques ou républicains, l'ont senti ; et, en fait de décentralisation , n'ont donné et pu donner que des promesses vaines et des fictions. Ils ont, honnêtement peut-être, mais inévitablement, leurré la nation. La tête et le cœur ne peuvent pas se vider, abdiquer, pour envoyer leurs fibres, leurs muscles, leurs réservoirs de vie tout entiers dans chaque portion du corps. Celles-ci alors deviendraient elles-mêmes centres et foyers de vie, et toute l'économie humaine en serait changée. Eh bien, n'est-ce point là ce que désire la France, ce que réclame aujourd'hui le sentiment de son malaise, de ses souffrances, ce que commandent les leçons de son histoire, ses meurtrissures anciennes et récentes, ses incessantes aspirations à la vie universelle ? N'est-ce pas cette division, ce partage de la vie, que la France appelle enfin comme le gage le plus sûr de sa dignité, de son existence présente et future ?

Ce partage de la vie politique, où est-il? Uniquement dans la république fédérative, dans l'union de toutes nos provinces, vivant chacune de sa vie propre, se gouvernant, s'administrant elles-mêmes, et reliées entre elles par un lien fédéral qui les rattache au centre commun, manifestation et non foyer de la vie commune : un congrès ou assemblée nationale des provinces unies, un président temporaire, une capitale nominale, siége et rendez-vous de la vie politique commune, et non inspiratrice, non règle et domination. Ce qu'il faut au salut de la France, à la paix de l'Europe, ce sont des *Etats-Unis français;* je ne dis pas des départements, division trop multiple et trop étroite, mais des antiques provinces ressuscitées, non pour une vaine et puérile satisfaction donnée aux théories du passé, aux institutions évanouies, mais pour former le faisceau rajeuni, régénéré, de la France nouvelle, de la France républicaine.

D'ailleurs, il ne faut pas faire trop bon marché des choses du passé. Voyez combien est invétéré, combien vivace encore, après bientôt un siècle, ce sentiment provincial, ce patriotisme local, qui s'appellent lorrain, bourguignon, provençal, breton ! Vous ne les étoufferez point de longtemps. Ils vivent et vivront malgré vous dans les habitudes du peuple, dans les souvenirs des générations; et quoi de plus légitime, quoi de plus innocent? Ne craignez plus ces gouvernements provinciaux, autrefois isolés, tantôt rebelles, tantôt soumis par contrainte au pouvoir central absolu; vaste échiquier de forces égoïstes, sans cohésion, sans intérêts communs, de populations étrangères l'une à l'autre, indifférentes et quelquefois ennemies. Le temps a marché; le monde s'est transformé. La révolution de 89, le lourd marteau de nos grandes guerres, les progrès philosophiques, les chemins de fer, l'industrie, le télégraphe, les communications internationales; la communauté de langue, d'instruction, de législation, de mœurs civiles et politiques, ont fondu à jamais en un bloc national, politiquement homogène, cette France autrefois divisée en vingt ou trente souverainetés plus ou moins indépendantes d'un pouvoir incertain, faible et jaloux. La France est une, qu'elle se divise en quatre-vingt-neuf départements ou en vingt-cinq provinces.

Ainsi, tout concourt à créer, à proclamer ce besoin d'un partage de la vie politique, d'une division de la France en gouvernements séparés, mais étroitement, sérieusement unis entre eux par un lien fédéral qui en fasse un seul peuple, une nation homogène et solidaire de traditions, d'intérêts, de destinées. Ce suffrage universel, instrument redoutable, soit que, livré aux mains inconscientes et irresponsables des masses populaires, il s'exerce dans toute sa liberté et sa brutalité : soit que, faussé par le pouvoir dont il devient l'épouvantail et le péril, il manque son but et trompe à la fois les gouvernants et les gouvernés, ainsi que nous l'avons vu sous l'Empire qui vient de tomber ; ce suffrage universel, qui est peut-être à bon droit l'effroi de l'Europe, peut devenir, dans une république fédérative, aussi inoffensif, aussi salutaire même, qu'il est capricieux, aveugle, violent, mobile, arbitraire, dangereux, avec toute autre forme de gouvernement.

Représentez-vous chaque province, Flandre, Provence, Bretagne, Lorraine, Bourgogne, se gouvernant et s'administrant elle-même, comme en Amérique les états de Pensylvanie, Caroline, etc. Il ne s'agit plus ici, pour le suffrage universel, d'écrire une liste de noms peu ou point connus, destinés à former une assemblée nationale de sept cent-cinquante membres qui siégera dans Paris — au foyer de toutes les passions, de toutes les ambitions, de toutes les intrigues — pour délibérer sur les intérêts des provinces. Le suffrage universel, en admettant même qu'on le maintienne sous la forme directe, au lieu de le faire fonctionner à deux degrés, ce qui donnerait à son action de bien plus sûres garanties d'ordre et de lumières (donc plus de solidité et de durée aux institutions), le suffrage universel, pour nommer les représentants de la province, le gouverneur de la province, n'aura qu'à choisir, dans la province et non ailleurs, des hommes connus. Ces hommes, appelés à administrer la province selon des lois déterminées, appelés à modifier ces lois en ce qu'elles auraient de local, vivraient ainsi, agiraient sous les yeux et sous la main du suffrage universel, pour et par la population qui les aurait élus : vrai gouvernement du pays par le pays, satisfaction complète donnée à ce sentiment indélébile d'indépendance qui nous fait accepter, qui nous fait aimer les institutions et les hommes — même les maîtres immédiats — que nous nous sommes donnés nous-mêmes, quand ils sont les enfants de notre sol, les mandataires de notre choix libre et volontaire, gouvernant et administrant près de nous et pour nous, dans une sphère d'intérêts qui nous regarde individuellement, et non dans ces limites vagues, étendues, complexes, indéfinies, qu'embrasse une unique représentation nationale siégeant loin de nos foyers.

Est-ce à dire que ces gouvernements particuliers, indépendants les uns des autres en ce qu'ils ont de local, que cette satisfaction donnée aux intérêts spéciaux, aux traditions, aux habitudes de chaque groupe important de la nation, que cette vie provinciale, politique et administrative, s'exerçant dans la province et pour la province, nuiraient à la hiérarchie, à la dépendance mutuelle, à la centralisation nécessaire pour former un peuple uni, un peuple homogène, un peuple fort? Non, puisque le lien fédéral serait assez puissant pour réaliser ces conditions, et que la solidarité traditionnelle, fondée sur les intérêts communs, l'histoire commune, la religion, les mœurs et les destinées communes, ajouterait son empire à celui des lois. L'exemple des petits états de la Suisse, différents pourtant de langue et de religion, l'exemple des Etats-Unis d'Amérique, si divers d'origine même, de fondation et de cultes religieux, doivent nous rassurer à cet égard; et la grande guerre de la sécession américaine, qui, au premier abord, parait être un argument contraire à ma thèse, prouve elle-même la force du lien fédéral qui a pu résister à une pareille scission, et en sortir victorieux et plus puissant [1].

Quelle différence, entre une représentation nationale telle que la comporte une monarchie ou une république

____

[1] Voir la note A à la fin de la brochure.

unitaire, siégeant dans une capitale unique, centre de toutes les passions et de toutes les convoitises, foyer permanent de fermentation révolutionnaire ; quelle différence entre une pareille assemblée dont les membres, éloignés de leur provinces respectives, en perdent bientôt l'esprit et les inspirations pour fondre leurs idées dans ce vaste tourbillon où tant de cabales, d'intrigues, d'ambitions, de vues troubles, obscurcissent la vraie lumière et font oublier les véritables intérêts de la patrie ; quelle différence, dis-je, entre cette assemblée unique et multicolore, constituant un gouvernement unitaire et centralisateur ; et ces sérieuses, solides, homogènes assemblées de province, dont chacune n'aurait à discuter que des intérêts connus, palpables, dans un cercle territorial et administratif qui ne dépasserait la vue ou la main d'aucuns de ses membres ! vrai gouvernement du pays par le pays.

Et, dans un autre centre, au chef-lieu du Congrès où se réuniraient les administrateurs de chaque province, quelle autorité, quelle solidité n'auraient pas ces députés sortis du gouvernement provincial ; pénétrés des besoins et des intérêts de leurs populations respectives ; apportant au congrès commun les vœux certains et les intérêts bien établis de chaque groupe du faisceau national ! Là, nulle distraction des intérêts réels, nulle compétition de pouvoirs ; point de coalitions ministérielles ; point de *courses au portefeuille*, point d'intrigues étrangères ; point de partis politiques, en lutte ouverte ou cachée ; mais les seuls, les vrais intérêts des provinces, représentés par les administrateurs des provinces, élus eux-mêmes par le peuple ; là, point de ces surprises terribles, de ces coups d'état de l'ambition ou de la peur, de ces entraînements irréfléchis, puérils ou criminels, sous le souffle ou la menace d'une capitale unique; point de jeux de dés redoutables, décisifs, comme le coup qui vient de plonger la France dans le deuil et la honte! La France serait là véritablement tout entière, dans sa vivante et multiple expression, dans son irrésistible autorité de traditions, d'intérêts, de vœux, de religion, d'honneur national, divers et un à la fois, tous ensemble fondus harmoniquement dans la majesté et la volonté souveraines du Congrès [1].

Oui, aux Etats-Unis d'Amérique, qui font l'admiration et l'envie des deux mondes, opposons les *Etats-Unis français;* montrons cet exemple à l'Europe étonnée qui a eu assez longtemps le spectacle, assez longtemps a subi le danger de nos agitations et de nos violences, de nos victoires ou de nos défaites, de notre domination ou de notre impuissance. Offrons-lui ce spectacle d'un peuple uni, paisible et fort, ennemi des conquêtes ou des intrusions intempestives, satisfait de son évolution pacifique et progressive dans le domaine des arts, des sciences et de l'industrie; d'un peuple jaloux de l'indépendance des autres, parce qu'il l'est de la sienne; d'un peuple ami des peuples, parce que ses aspirations et ses intérêts se confondent avec ceux des autres nations. Que l'Europe monarchique nous envie, sans oser y toucher, cette organisation fraternelle, solidaire, heureuse et puissante, de tous les groupes de la nation vivant chacun de leur vie propre, et gravitant ensemble vers un but commun, la prospérité partielle et générale, l'honneur et le bonheur de tous! Que le Nord et le Midi, la Flandre et la Pro-

---

[1] Voir la note B à la fin de la brochure.

vence, se donnent les lois, l'administration et les hommes de leur choix, appropriés à leurs traditions, à leurs besoins, à leur tempérament respectif; se gouvernant eux-mêmes, par eux-mêmes, pour eux-mêmes, mais se rencontrant au Congrès national, centre commun des intérêts communs, pivot et rayonnement de la vie politique qui anime la nation tout entière! Que la France ainsi soit grande, heureuse et respectée de génération en génération! qu'elle devienne le modèle et l'envie des nations, après avoir été longtemps leur épouvantail! Et, si un jour celles-ci, à leur tour, veulent se gouverner elles-mêmes, sans passer, comme la France, par les longues et sanglantes épreuves des révolutions, qu'elles se constituent pacifiquement en républiques fédératives, et donnent au monde l'heureux spectacle des États-Unis de l'Europe!

Amédée DEROIDE.

19 septembre 1870.

NOTES

A. — Je ne puis, dans ce court travail, entrer dans une discussion approfondie. Il me suffit d'indiquer les grands traits, les vérités principales, qui me paraissent indiscutables, laissant au lecteur le soin de compléter ma pensée.

Par exemple, je sais bien qu'on alléguera la possibilité d'un défaut d'entente entre les provinces unies par un lien légal; mais, outre les raisons de bon accord que je viens de présenter, il y en a d'autres. Les dissentiments qui pourraient diviser le Congrès des provinces sont de deux sortes, importants ou secondaires, généraux ou locaux. Pour les sujets peu importants, il est évident qu'une province se soumettrait à la décision générale. Quant aux sujets graves qui seraient de nature à amener une scission entre un groupe de provinces et le reste de la nation, croit-on que le désaccord pût aller jusqu'à une séparation violente? Que feraient une, deux, trois provinces, rebelles à la volonté générale? Si elles n'étaient pas retenues dans l'alliance par le sentiment d'obéissance ou de solidarité nationale, elles le seraient par le sentiment de leur propre conservation. En effet, que deviendrait une fraction de pays, au nord, à l'est, au midi de la France? En supposant qu'elle ne reculât point devant la menace de *l'exécution fédérale*, et qu'elle en triomphât même, par impossible, ne serait-elle point exposée, faible et isolée, à devenir la proie facile de l'étranger? Ainsi, l'intérêt même de la conservation, de l'indépendance politique, suffirait à préserver l'union fédérale d'une scission partielle.

Par les mêmes raisons, la France fédérée serait peu ou point exposée à des insurrections partielles de quelques grandes villes (Lyon, par exemple), qui troublent, inquiètent, et parfois compromettent le pays. Il est évident que ces émeutes ont leur inspiration ou leur but dans la capitale; et l'on ne s'insurge point à Lyon sans l'espoir d'un contre-coup à Paris, d'un bouleversement à Paris, en vue d'une révolution générale (politique ou sociale). Paris n'existant plus comme unique centre politique, comme cœur et tête de la nation, ces insurrections locales n'auraient plus de raison d'être.

B — Un des plus graves dangers d'une république unitaire c'est-à-dire essentiellement centralisatrice, ayant une assemblée nationale unique —celle-ci fût-elle même doublée d'un sénat,— c'est qu'elle est une tentation perpétuelle à l'ambition. On conçoit en effet que la prépondérance toute-puissante, l'autorité souveraine d'une pareille assemblée, invite les partis à s'agiter, à manœuvrer, soit pour dominer l'assemblée par leurs membres les plus influents ou par un président de la République à leur dévotion, soit pour opérer de ces téméraires réformes sociales qui, en donnant gain de cause à certaines factions, peuvent mettre la société en péril ; et, d'autre part, ce président de la République, tenté par son ambition personnelle ou poussé par un parti, ne peut-il porter une main sacrilége sur l'indépendance nationale, et ouvrir ainsi l'ère des révolutions et des guerres civiles ? Les grands pouvoirs séduisent les grandes passions ; et l'ambitieux qui peut, d'une main, faire jouer tous les ressorts d'une grande nation et la remuer à son gré, résiste difficilement à une pareille tentation.

Il n'en est pas de même dans une république fédérative, où l'ambition se bornera aux limites de chaque province, et où le président de la République ne sera que le chef *nominal* de l'État, le simple exécuteur des volontés du Congrès. Sans doute, le suffrage universel s'agitera dans chaque province pour nommer les représentants provinciaux ; mais là s'arrêtera le mouvement des compétitions. Les députés au Congrès, pris dans les assemblées provinciales, n'auront d'autre ambition que celle de servir et de défendre les intérêts de leurs états respectifs :

prétention légitime et sans danger, car il n'y a de dangereux que les ambitions personnelles.

Au reste, il ne faut pas croire que les dangers politiques soient la seule conséquence d'une forte et unique centralisation gouvernementale ; les plus graves conséquences sociales y sont contenues en germe. Il suffirait, pour faire naître ou fortifier cette idée, de lire quelques passages du travail du général Trochu sur l'*Armée française en 1867*, œuvre d'un éminent esprit et d'une âme patriotique, écrit prophétique qui aurait dû éclairer les ténèbres épaissies par les courtisans de tous rangs et de toute espèce, maires, préfets, députés, généraux, maréchaux, ministres, sénateurs et journalistes, autour du gouvernement qui vient de jeter la France dans l'abîme. Mais le général Trochu a eu le sort des amis sincères qui disent ouvertement la vérité à leurs amis : on leur tourne le dos, on les chasse, et l'on court hautainement à sa perte.

Nous citons :

« .... Comment espérer la réalisation de ce vœu dans un
» temps où toutes les affaires, les petites, les moyennes, les
» grandes se pressent vers le centre gouvernemental pour obte-
» nir une solution ? Les plus minces questions ne sont bien
» résolues que si elles l'ont été par le ministre lui-même. Aucun
» des dépositaires du pouvoir, à divers degrés, ne veut engager
» sa responsabilité. *Tous perdent ainsi l'habitude de statuer, et*
» *bientôt celle d'étudier les affaires ;* car il est évident que cette
» étude n'est attentive que dans la mesure de la responsabilité
» que la solution à intervenir doit créer. Dès lors, les points
» d'interrogation pleuvent autour du ministre, l'accablent, l'ab-
» sorbent tout entier, et il arrive que *celui-là qui doit mener*
» *la voiture, la tire,* disait le maréchal Bugeaud. »

Si ce tableau est fidèle (et qui peut le nier ?), si cette opinion est fondée en ce qui regarde l'administration militaire, combien plus ne l'est-elle pas pour les choses civiles ! Il est facile, en effet, de se représenter la désorganisation sociale qui doit résulter, à la longue, d'un système où, le pouvoir et la responsabilité étant concentrés dans un seul foyer ou dans une seule main, *tous perdent l'habitude de statuer, et bientôt celle d'étudier les affaires.* L'apathie, l'indifférence, l'ignorance presque universelle, la corruption s'étendant à tous les degrés de l'échelle sociale, parce que l'on attend tout *d'en haut;* l'égoïsme général et *l'impuissance finale* du pays, voilà le dernier mot d'un pareil système politique et administratif; voilà le lamentable abaissement, social et national, où mène presque inévitablement, à un moment donné, ce système de centralisation qui a pu, aux heures des grandes crises, sauver une révolution ou un pays, mais qui, dans les temps ordinaires, conduit lentement au despotisme d'un homme ou d'une classe d'hommes, et à toutes les dégradations morales qui sont à la fois l'essence même et la conséquence de tous les despotismes.

Lille, imp. Lefebvre-Ducrocq.